¿QUÉ ES LA CIENCIA?

EL PEQUEÑO
LABORATORIO

Textos:
María Buezas
Ilustraciones:
Fernando Martínez Ruppel

EDICIONES
Lea

¿Qué es la ciencia?
es editado por
EDICIONES LEA S.A.
Av. Dorrego 330 C1414CJQ
Ciudad de Buenos Aires, Argentina.
E-mail: info@edicioneslea.com
Web: www.edicioneslea.com

ISBN 978-987-718-154-8

Asesoramiento: Ing. Mauro Ferrantelli.

Primera edición. Diciembre de 2014.
Impreso en China.

Buezas, María
    ¿Qué es la ciencia? / María Buezas ; con colaboración de Mauro Ferran-
telli ; ilustrado por Fernando Martínez Ruppel. - 1a ed. - Ciudad Autónoma
de Buenos Aires : Ediciones Lea, 2014.
    24 p. ; 24x25 cm. - (El pequeño laboratorio; 1)

    ISBN 978-987-718-154-8

    1. Ciencias para Niños. I. Ferrantelli, Mauro, colab. II. Martínez Ruppel,
Fernando, ilus. III. Título
    CDD 500.54

¡Te damos la bienvenida al fantástico mundo de la ciencia!

Antes de empezar, algunas recomendaciones: sacar las manos de los bolsillos, abrir bien grandes los ojos y preparar la mente para el asombro. Con todo eso preparado, ya estaremos listos para llevarte por un camino que empieza por la curiosidad y te lleva hasta fabricar un pequeño laboratorio al alcance de tu mano.

Con el ojo de la ciencia

Todo se vuelve nuevo

A nuestro alrededor hay cosas muy diferentes entre sí: cosas que son duras, otras que son esponjosas. Hay materiales rígidos, otros que son elásticos. Hay cosas pegajosas y otras... un poco olorosas. Distintos colores, distinta textura, distinto sabor... En la Naturaleza hay sustancias que se parecen y otras que son completamente diferentes. Hay habitantes del mundo animal y del mundo vegetal que tienen cosas en común y otros que en nada se parecen.

¿Y si exploramos la Naturaleza?

¿por qué el zorrino tiene olor?

¿por qué el puercoespín tiene púas?

¿de qué se alimentan los conejos?

¿El alga respira abajo del agua?

¿Cuántos años viven los árboles?

¿por qué las hojas son verdes?

Un árbol en otoño es un árbol de ramas peladas sobre una alfombra de hojas amarillas. Pero el mismo árbol en primavera es un árbol lleno de hojas muy verdes.

En casa también

Adentro de tu casa también hay cosas que son muy distintas y otras que son parecidas.
Hay sustancias frías como los cubos de hielo que están en el freezer y los azulejos del baño.
Y cosas tibias, como una ventana por la que entra el sol y el agua de la bañera preparada para un baño.

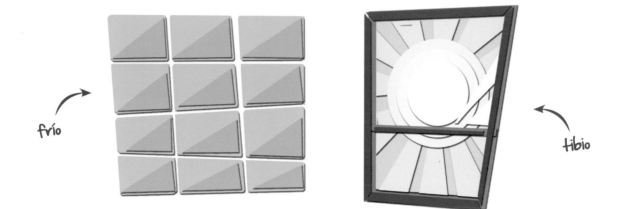

frío

tibio

Un cambio de temperatura puede hacer que una cosa cambie la forma y la cantidad de espacio que ocupa.

vaso de agua

Vapor de agua

cubitos de hielo

Los científicos inventaron una clasificación para ordenar los elementos que nos rodean según esas propiedades. Ahora, nosotros también podemos nombrar esos **estados de la materia.**

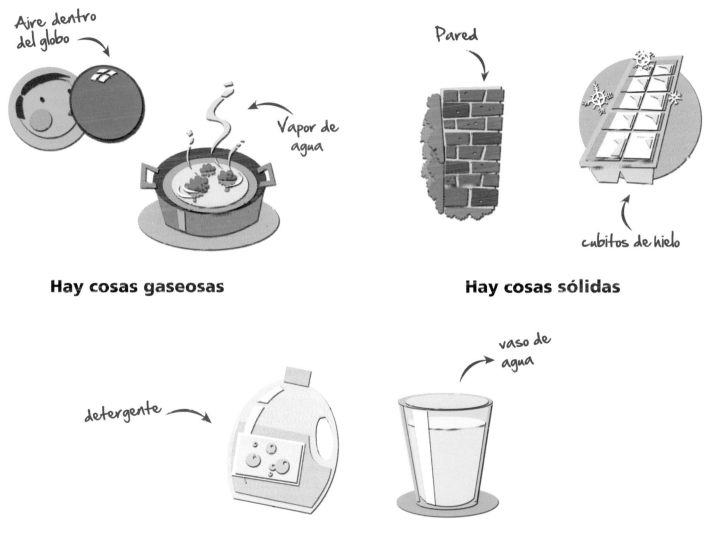

Aire dentro del globo

Vapor de agua

Pared

cubitos de hielo

Hay cosas gaseosas

Hay cosas sólidas

vaso de agua

detergente

Hay cosas líquidas

¿Y si investigamos en casa? ¿Qué otros elementos gaseosos, sólidos y líquidos podremos encontrar?

Con el ojo de la ciencia
Todo lo que percibimos puede cambiar

La ciencia, con dedicación, trabajo y mucha curiosidad, se ha encargado desde hace muchos años de buscarle a todas esas preguntas una explicación. Pero el camino de la ciencia es un camino con principio pero sin fin, porque una de las primeras cosas que la ciencia descubrió fue que nada de nada en el universo se queda totalmente igual.

La ciencia supo muy pronto que todo lo que vemos puede cambiar. Que la vida está en constante movimiento. Y que esa es una de las características más interesantes y bellas de este mundo. De hecho, todo aquello que vemos y tocamos, todo en este mundo, está listo y preparado para ser partícipe de un cambio.

Desde cosas grandes como las estaciones del año.

O cosas pequeñas, como una oruga que, después de un tiempo, se transforma en una mariposa.

Cosas que tardan mucho en cambiar, como una traslación entera de la Tierra alrededor del Sol.

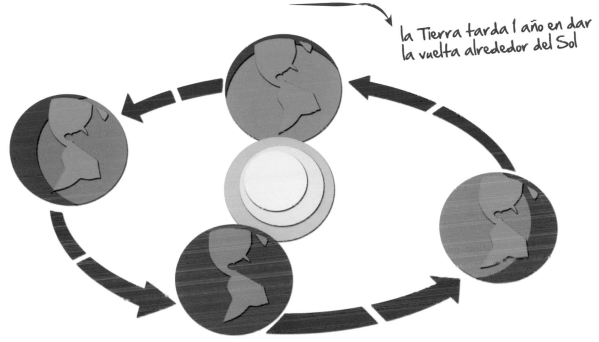

la Tierra tarda 1 año en dar la vuelta alrededor del Sol

O cosas que se transforman por completo en un segundo, como una cucharada de azúcar en un vaso de agua tibia.

el azúcar se disuelve

¿desapareció?

¿Qué son la Física y la Química?

A medida que pasaron los años, la Ciencia se fue ocupando de dar más respuestas pero también de encontrar nuevas preguntas. Entonces tuvo que repartirse las tareas en función de las características de aquello que estudiaba. A esas "cosas" la Ciencia las llama **Objetos de Estudio.**

Física

por ejemplo, la Física, que es una ciencia, se ocupa de estudiar todo lo que tenga que ver con la materia y la energía, su comportamiento y sus propiedades. ¿Qué es la materia? ¿Qué es la energía?

La **materia** es aquello de lo que están compuestos los cuerpos. Todo lo que hay en el universo que tenga masa y ocupe un lugar en el espacio y que podamos percibir con nuestros sentidos está formado por lo que la ciencia llama materia. Puede tener muchas formas y puede, sobre todas las cosas, cambiar. El modo en el que nosotros percibimos esas formas y esos cambios es através de la vista, el olfato, el tacto, el oído o el gusto.

La **energía** es la capacidad de realizar trabajo, por ejemplo, transformar el movimiento en luz...

Ver
oler
oír
tocar
saborear

¿Qué es la materia?
¿Qué es la energía?

energía

luz

movimiento

Química

La Química se ocupa de estudiar las sustancias. Para esto, se ocupa de investigar sus estructuras y sus propiedades. Pero, sobre todas las cosas, la Química se ocupa de las reacciones que transforman a esas sustancias en otras. Pero, ¿qué es una sustancia?

¿De qué forma son
De qué están hechas

¿Qué puede hacer?
¿Qué pasa si se junta con otras cosas?

La **sustancia** es el componente principal de los cuerpos. Las sustancias químicas son tipos o clases de materia.

La **física** y la **química**, además de ser dos ciencias teóricas, son también **experimentales**: eso significa que realizan experimentos prácticos para investigar sus objetos de estudio y comprobar sus teorías. Así, ponen a prueba sus ideas para saber si son acertadas o no.

Con el ojo de la ciencia
Cambios físicos

Todo lo que tocamos puede cambiar. Todas las sustancias pueden transformarse. Pero esos cambios no se producen siempre de la misma manera. Hay cambios en los que las sustancias que modifican sus propiedades, siguen conservando su identidad. A esos cambios se los denomina **cambios físicos.**

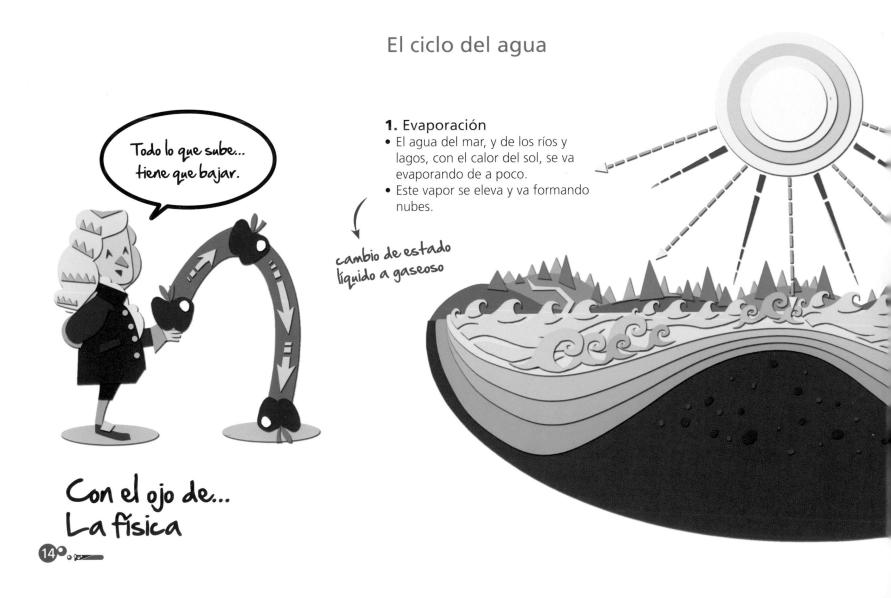

El ciclo del agua

Todo lo que sube...
tiene que bajar.

1. Evaporación
- El agua del mar, y de los ríos y lagos, con el calor del sol, se va evaporando de a poco.
- Este vapor se eleva y va formando nubes.

cambio de estado líquido a gaseoso

Con el ojo de...
La física

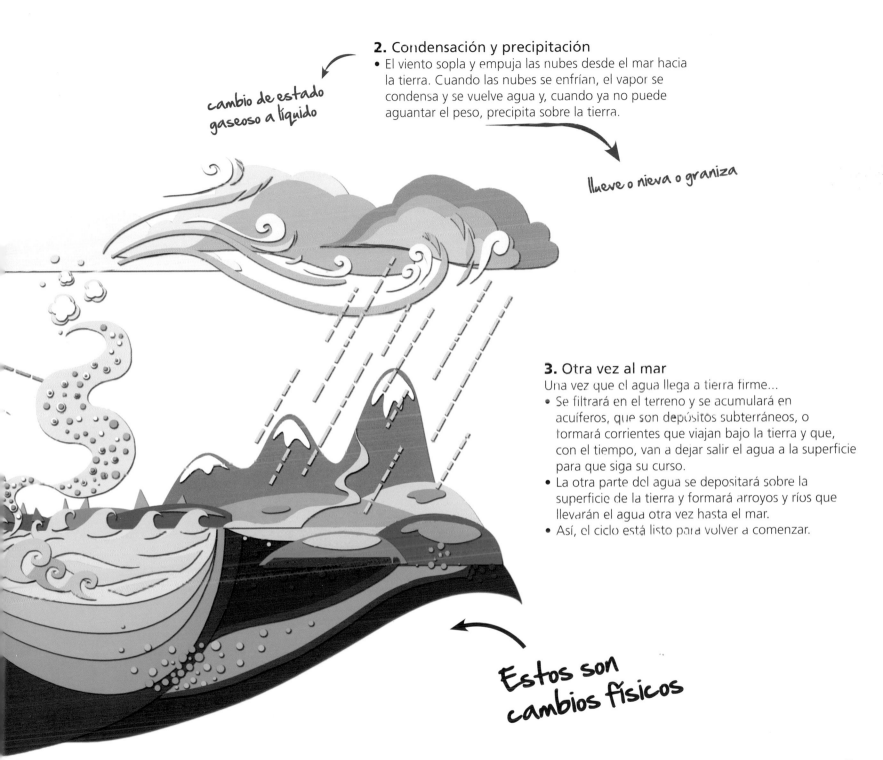

2. Condensación y precipitación
- El viento sopla y empuja las nubes desde el mar hacia la tierra. Cuando las nubes se enfrían, el vapor se condensa y se vuelve agua y, cuando ya no puede aguantar el peso, precipita sobre la tierra.

cambio de estado gaseoso a líquido

llueve o nieva o graniza

3. Otra vez al mar
Una vez que el agua llega a tierra firme...
- Se filtrará en el terreno y se acumulará en acuíferos, que son depósitos subterráneos, o formará corrientes que viajan bajo la tierra y que, con el tiempo, van a dejar salir el agua a la superficie para que siga su curso.
- La otra parte del agua se depositará sobre la superficie de la tierra y formará arroyos y ríos que llevarán el agua otra vez hasta el mar.
- Así, el ciclo está listo para volver a comenzar.

Estos son cambios físicos

Un experimento de Física: solidificación y volumen
El agua que crece con el frío

Materiales

-1 frasco de plástico con tapa.
-Agua fría de la canilla.
-Permiso para usar el freezer.

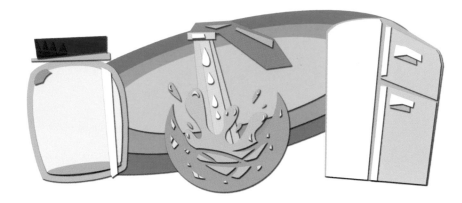

Procedimiento

1 Destapar el frasco de plástico y llenarlo con agua hasta medio centímetro antes del tope.

2 Apoyar la tapa encima del frasco pero sin enroscar.

3 Colocar el frasco, con mucho cuidado para no volcar el agua, en el freezer.

4 Luego de 6 horas, abrir el freezer y descubrir con asombro... ¿qué sucedió?

 Al ir a buscar nuestro frasco encontraremos algo fascinante: la tapa estará levantada porque el agua ha crecido por encima del espacio del frasco que la contiene, es decir aumentó su volumen. El agua en el proceso de enfriamiento, cambió de un estado líquido a uno sólido, es decir se convirtió en hielo.

Otro experimento de Física: evaporación y condensación
El ciclo del agua en la palma de la mano

Materiales

-1 bolsa de nylon o plástico, transparente.
-4 cucharadas de tierra humedecida con agua.
-Cinta adhesiva.
-Una ventana por la que entre el sol.
-Anotador y lápiz

Procedimiento

Para realizar un ciclo del agua completo a pequeña escala:

1. Abrir la bolsa transparente y colocar dentro las cuatro cucharadas de tierra húmeda.

2. Cerrar muy bien la bolsa, plegando la parte de arriba (si hace falta, terminar de sellarla con un poco de cinta para que no quede ningún agujero).

3 Pegarla a una ventana donde le dé el sol directo.

4 Tomar el anotador y el lápiz. Anotar o dibujar qué vemos. Luego, revisar la bolsa cada dos horas y llevar un seguimiento en nuestro anotador científico de todo lo que suceda. ¡Podremos tener un ciclo del agua completo en la palma de nuestra mano!

En sólo unos pocos minutos, podremos ver algo extraordinario: por acción del calor, la humedad de la tierra se evapora y podremos observar unas cuantas gotas en las paredes de la bolsa. Una vez que esas gotas se vuelvan más pesadas, por acción de la gravedad, comenzarán a caer.

Y otro experimento más de Física: tensión superficial

Nadando en jabón

Materiales

-1 triángulo de cartón.
-Una fuente o palangana.
-Agua fría de la canilla.
-Jabón líquido para lavar la ropa.
-Un recipiente más pequeño. Puede ser una taza o vaso.

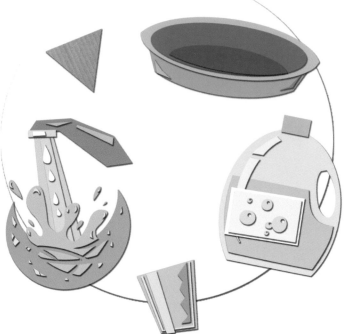

Procedimiento

1 Llenar la fuente o palangana con agua de la canilla hasta la mitad.

2 Llenar el recipiente más pequeño con agua y disolver en él una tapita de jabón líquido.

3 Colocar el triangulito de cartón en el borde de la fuente con agua, como si fuera un nadador listo para una carrera.

4 Luego, sumergir el dedo en el agua con jabón e, inmediatamente, sumergirlo en la bandeja con agua cerquita del nadador. ¿Listo para la carrera?

¿Qué sucedió? Nuestro nadador se mantenía quieto flotando en el agua, gracias a la tensión que el agua tiene en su superficie. Al introducir el dedo con jabón, esa tensión se interrumpe volviéndose más débil y así, el nadador avanza hacia el lado opuesto al dedo. ¿Y si colocamos dos nadadores y jugamos una carrera?

Con el ojo de la ciencia
Cambios químicos

Son los cambios que transforman tanto a una sustancia, que la convierten en una sustancia nueva.

El fuego

Cuando encendemos una fogata...

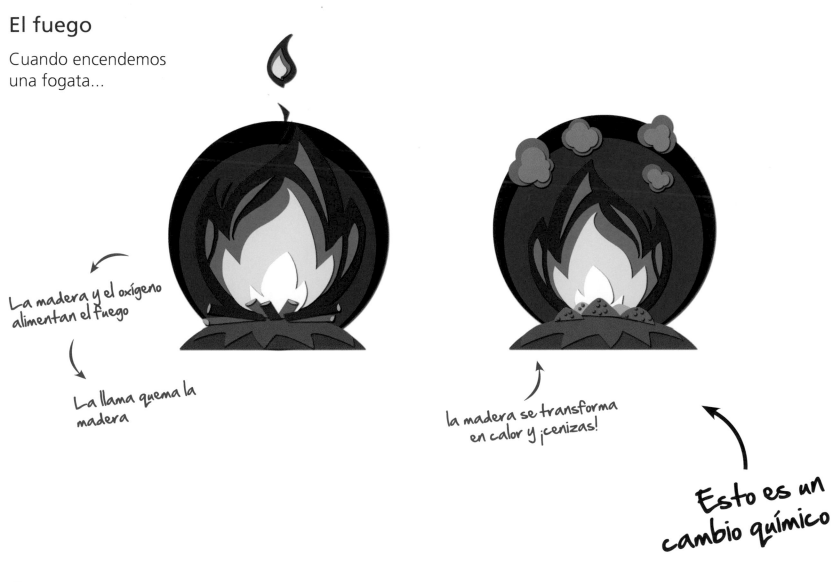

La madera y el oxígeno alimentan el fuego

La llama quema la madera

la madera se transforma en calor y ¡cenizas!

Esto es un cambio químico

Un experimento de Química: la fábrica de sustancias
Volcán de espuma

Materiales

-1 vaso de plástico
-El jugo de un limón.
-1 cucharada de bicarbonato de sodio.
-1 trapo o toallas de papel ¡por las dudas!
-1 fuente o bandeja por si se derrama líquido.

Procedimiento

1 Colocar el vaso sobre la fuente o bandeja.

2 Luego, colocar el jugo de limón dentro del vaso..

3 Prepararse para la fascinación.

4 Verter dentro del vaso con jugo de limón la cucharada de bicarbonato de sodio.

El bicarbonato de sodio es una base, mientras que el limón es un ácido. Cuando reaccionan juntos forman ácido carbónico, que es muy inestable y se rompe al instante creando la efervescencia, ya que escapa de la solución.

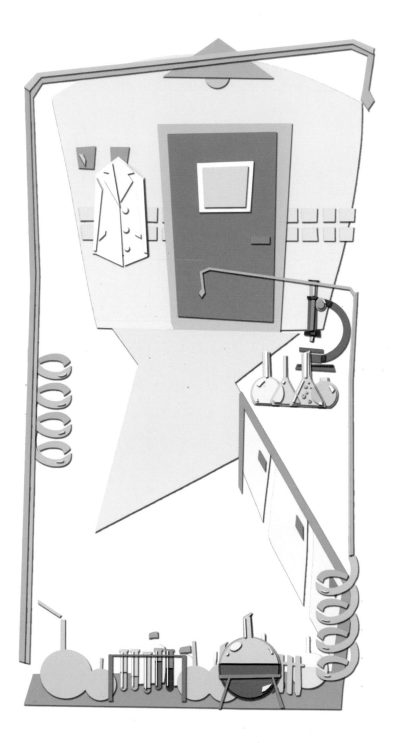

Con el ojo de la ciencia...

Hemos visto cómo todo se vuelve nuevo, en la naturaleza y ¡hasta en nuestra casa! Y que todo lo que percibimos puede cambiar, ¡la vida está en constante movimiento!

También sabemos un poco más qué son la Física y la Química, gracias a sencillos experimentos que podrás realizar sin ninguna dificultad.

La ciencia, siempre inquieta, suele encontrar nuevos caminos para seguir investigando. Si una puerta se cierra, una ventana se abrirá y arrojará una luz para seguir adelante en el camino interminable de la curiosidad.

Gracias por haber entrado al Pequeño Laboratorio, por haber puesto tu asombro al servicio de la búsqueda y por habernos acompañado en esta investigación.

Con cada nuevo día llegan, de la mano de los rayos del sol, las ganas de saber, investigar, explorar y descubrir todas las maravillas que el mundo tiene para ofrecernos y que podremos apreciar con el ojo de la ciencia.